Caractère
d'une
personne

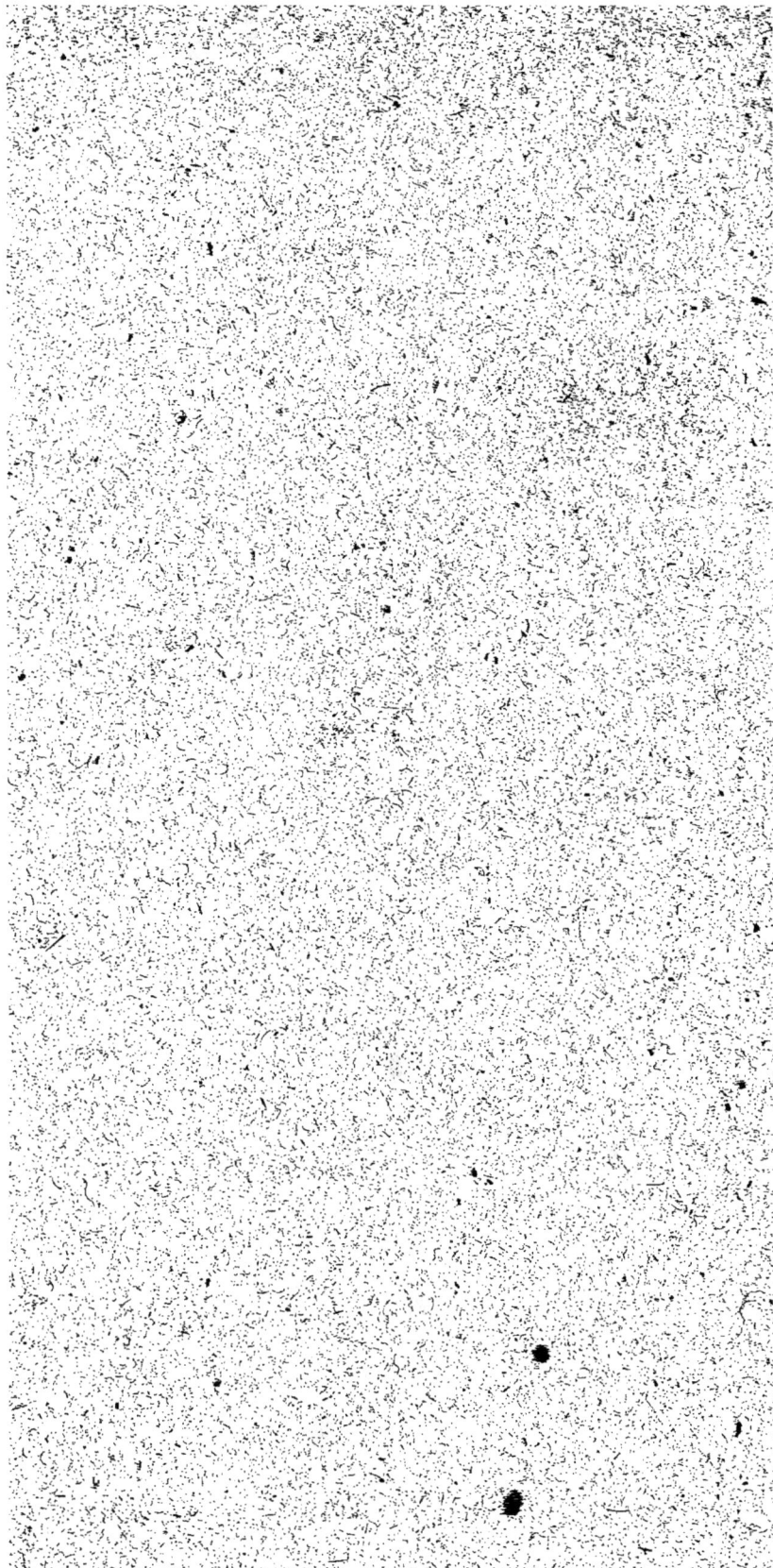

LE CARACTÈRE ET LA DESTINÉE

D'UNE PERSONNE

OU

EXPLICATION DE LA TÊTE

DE

PHRÉNOLOGIE PSYCHOLOGIQUE.

PAR

Victor A. de M.

PRIX :

Cette brochure avec la tête. . 1 fr. 75 c.
La brochure seule. . . . . » 50

PARIS

1847

LISEZ :

Je me propose de publier quatre brochures qui formeront, par leur réunion, l'exposition élémentaire de ma Physiologie générale des destinées humaines.

La physiologie générale des destinées humaines doit démontrer d'une manière irréfutable et pratiquement prouvable à tous les lecteurs. 1° Qu'il existe une FATALITÉ ayant son principe dans la loi de la *solidarité humaine*, selon les circonstances de temps, de sociabilité, de naissance, etc. — 2° Qu'il existe une DESTINÉE non-seulement humanitaire et sociale, mais une DESTINÉE INDIVIDUELLE, dont le but providentiel est le perfectionnemet moral, intellectuel, effectif et passionnel de l'individu, pour atteindre au but où à la fin promise à l'humanité, par la sagesse de Dieu.

La Physiologie générale des destinées humaines doit donc démontrer d'une part : Que la FATALITÉ ORGANIQUE et la FATALITÉ SOCIALE ou la vie organique et la vie de relation sont les deux forces qui concourent à la formation, dans l'homme, de ce que nous appelons LIBERTÉ ou LIBRE ARBITRE.

Et d'autre part : que ces deux forces génératrices du développement de la perfectibilité humaine, sont *solidairement complémentaires* l'une de l'autre, afin d'assurer dans l'avenir préétabli, par les vues de Dieu, la gloire de son essence divine, par la félicité et le bonheur du genre humain.

Dans les brochures qui vont paraître, j'indiquerai sous chacune des puissances phrénologiques la série professionnelle, c'est-à-dire, les professions, les états, les sciences, les arts et les branches de commerce qui appartiennent de fait à chacune d'elles. Par là, les parents apprendront à utiliser réellement et à l'avantage de leurs enfants les sommes qu'ils consacrent à leur éducation.— Dans ma phrénologie des amours intitulé : L'art de prédire les amours et et les affections d'une personne, j'indique les puissances phrénologiques que chaque genre d'individus doit rechercher pour obtenir le bonheur en mariage. — Enfin, dans les écrits qui doivent suivre, je me suis toujours proposé l'utilité et l'agrément de mes lecteurs.

Je déclare ici, que non-seulement la nomenclature (les noms changés des protubérances crâniennes), mais la division des puissances phrénologiques par 3 et par 7 me sont personnelles ; bien qu'elles m'aient été volées en 1843, par un homme dont je parlerai prochainement, c'est-à-dire, lorsque je donnerai les preuves de cette soustractions et les raisons de cette division. Du reste, ni cet homme, ni mes autres plagiaires n'ont point pu fournir ces raisons. — Sans doute, pour cause..... l'ignorance.

EXPOSITION

PHRÉNOLOGIE PSYCHOLOGIQUE.

————◆●◆○◆●◆————

Tous les réfutateurs de la Phrénologie ont eu raison de nier la théorie phrénologique de Gall, de Spurzhein et de tous les phrénologues leurs adeptes.

La Phrénologie comme SYSTÈME EXCLUSIF que l'*homme intellectuel, moral, effectif, passionnel,* n'est que la RÉSULTANTE *du cerveau* et des *petites circonvolutions cérébro-organiques*, est non-seulement purement imaginaire, mais de plus, inadmissible par le raisonnement.

En effet, l'homme dans ses puissances radicales, générales et spéciales n'est point uniquement dans le cerveau et, par conséquent, bien moins encore dans des circonvolutions partielles de l'encéphale, ni dans des protubérances ou bosses du crâne.

L'homme considéré dans l'ensemble de toutes ses puissances humainement actives, séjourne, non-seulement dans tout son organisme, mais dans tout son milieu social, d'actualité, de temps et de sociabilité.—Il s'en faut donc de beaucoup que la Phrénologie seule nous explique ce qu'est l'homme, à bien plus forte raison le cerveau seul ou une bosse du crâne seule.

Cependant, il ne faut point rejeter la Phrénologie parce qu'on l'a présentée sous un côté anatomique reconnu et prouvé faux par l'expérience, mais il faut en prendre ce qu'elle contient de vérités. Attendu que les protubérances du crâne sont, en effet, des signes extérieurs de ce qu'est l'homme dans ses puissances individuelles, expliquons ce fait :

Il y a dans l'homme et dans la femme un radical d'activité et d'intelligence qu'il faut bien saisir, voyons :

La formation de l'enfant dans la matrice, se faisant sans l'action délibérante de l'homme et de la femme ; c'est-à-dire, sans leur coopération volontairement réfléchie, calculée, raisonnée et sans qu'ils le désirent même ; il faut bien qu'un principe intelligent et virtuel indépendant de l'homme et de la femme, se charge de former l'organisation de l'enfant, puisque l'enfant est fait et se montre après neuf mois.

Or, le principe intelligent et virtuel qui forme l'enfant à l'insu même du père et de la mère est le radical humain, c'est-à-dire, ante-hominal; attendu que le premier homme dut nécessairement être formé par ce principe, de même que toute l'humanité passée, présente et à venir.

Mais si un principe unique formait tous les hommes, il n'y aurait pas, il ne pourrait pas y avoir de diversités entre eux. Tous auraient la même intelligence, la même physionomie et la même organisation. Or, puisque les hommes varient de caractère, d'intelligence et de formes, d'autres éléments actifs coopèrent donc à la génération et à la formation de l'enfant. Eh! certainement, le radical ante-hominal ou le principe d'immortalité humaine est le même pour tous les hommes, mais ils se borne à édifier l'enfant d'après les éléments qui lui sont soumis, c'est-à-dire qui lui sont donnés par le tempérament des parents, les climats, les temps et surtout la vie magnétique de la mère et de toute la sociabilité humaine. Alors on comprendra qu'une puissance formatrice UNE, ayant à façonner des éléments différents, construise des êtres qui seront quoi? Eh! les résultats mêmes de leurs éléments mis en œuvre. — Donc, si ces individus sont les résultats produits d'éléments organiques unis sous la forme humaine par le radical ante-hominal, ils seront toujours, quoique sous cette forme humaine, leur forme individuelle propre, c'est-à-dire, la forme spéciale donnée à la spécialité même de leurs éléments personnels ou constituants.

Selon donc que tel élément organique, soit sang, bile, lymphe, flegme ou soit musculaire, nerveux, osseux ou charnu aura dominé, l'individu portera, par son organisation sanguine, bilieuse, lymphatique, flegmatique ou musculaire, nerveuse, osseuse ou charnue, la forme physique, physiognomonique, crânioscopique ou phrénologique des propriétés dominantes de la constitution de son tempérament. — 2° Selon donc que telle ou telle somme d'influences magnétiques (1),

---

(1) *Magnétiques*, c'est-à-dire de sympathie ou d'antipathie; d'attraction de répulsion; des désirs ou des appréhensions, etc. etc.

physiologiques (1), psychologiques (2), ontologiques (3), climatériques (4), chronologiques (5), et de sociabilité (6), aura dominé la gestation ou grossesse, selon aussi seront les formes externes de l'être humain; formes qui se déterminent par voie de répercussions vitales, magnétiques physiologiques, psychologiques, ontologiques de *mens agitat molem*. Telle est ma doctrine, doctrine que je développerai démontrerai et prouverai par les brochures qui suivront celle-ci et par la physiologie générale des destinés humaines.

Ainsi donc, je maintiens la Phrénologie comme science ou étude très utile et, en second lieu, parce que cette science est appuyée sur des faits, sur des expériences et sur des observations réelles, positives, et dont par la pratique on peut s'assurer continuellement de la vérité.

Mais je considère la Phrénologie comme étude des formes crâniennes seulement, c'est-à-dire que les bosses ou protubérances, saillies du crâne ne sont pas, pour moi, des organes agissants, mais simplement des formes développées par les forces vitales et animiques; par les puissances impressivement organisatrices, les virtualités magnétiques, physiologiques, psychologiques et ontologiques, qui concourent à décider la formation et le développement du fétus, pendant

---

(1) *Physiologique*, c'est-à-dire, du tempérament des parents, de leur état de santé ou de maladie, de force ou de faiblesse, d'esprit ou d'idiotisme, etc.

(2) *Psychologique*, c'est-à-dire, selon l'état de leur bonheur moral, de leur gaieté ou de leurs peines et de leurs chagrins;—de leur tranquillité d'esprit, quiétude ou de leurs inquiétudes, tourments, tracas;—de leurs passions, de leurs affections, etc., etc.

(3) *Ontologique*, de l'état de leur âme, grande, belle, noble, digne ou avilie, mesquine, petite, etc.

Plus, une question très importante et très secrète, celle des transmissions de semences spirituelles, celle des races, je dirai bénies, et celle des races réprouvées, races de Caïn; mais je remets l'explication de ceci à plus tard, c'est-à-dire, à son lieu.

(4) Climatériques, les climats, la température, les déviations du magnétisme terrestre, l'astrologie.

(5) *Chronologiques*, des temps, des saisons, des siècles.

(6) *Sociabilité*, nation où l'on vient au monde et parmi laquelle on existe; pays, ville, province, village; — gouvernement, législation, famille, société, amis et amies, liaisons sociales, etc.

tout le cours de la gestation ou grossesse, et qui, par cela
même, laissent, comme traces de leur activité coopérative,
cogénératrice aux propriétés organiques, des formes physiques y correspondantes, lesquelles agissent sur l'homme en
vertu d'attractions, de dispositions à…, d'entraînement vers…
de sympathie pour… Ainsi donc les propriétés devenues
bases intrinsèques et fondamentales de l'être, se signalent,
sur l'extérieur de l'homme, dans la Phrénologie, par les bosses du crâne, par la forme et les proportions de la tête; dans
la physionomie par les traits, la forme et l'expression de la
figure ou du visage, aussi bien que dans la forme des mains;
comme enfin, dans la forme détaillée et générale des parties
et de l'ensemble de son individualité.

D'après ce, on n'oubliera point : que je ne peux, ni ne
veux point considérer la Phrénologie comme Gall, ni surtout
comme Spurzhein et ses successeurs, mais en simple physionomiste, en manière philosophique; c'est-à-dire, que si l'en-
thousiasme phrénologique a voulu donner à la matière le
droit de façonner l'intelligence, moi, au contraire, je viens
rendre au principe intellectuel, animique ou ante-hominal,
le pouvoir de façonner les formes matérielles de l'être humain. Voici ma différence avec l'école de Gall et l'école de
Spurzhein.

Enfin, étudier la Phrénologie, pour moi et pour mes lecteurs, ce sera 1° s'instruire pour arriver à découvrir, d'après
l'examen raisonné des formes extérieures de l'homme, ce
qu'il est dans son intérieur.

Ce sera donc enfin, l'étude des formes externes qu'affecte
le principe animique humain, selon les variables intensités
des éléments organiques et des forces vitales dont il peut
disposer pour créer l'enfant.

Comme on le voit, les expériences de M. Flourens ne détruisent point la Phrénologie psychologique et les attaques
de conséquences matérialistes ne sauraient non plus lui être
appliquées; car elle est essentiellement spiritualiste, et pour
le prouver, disons de suite ce qu'est l'âme humaine.

(*La suite à la première brochure.*)

ORDRE HISTORIQUE.

Le choc est le moyen de la sensation.

La sensation est la cause par laquelle l'homme se manifeste son existence en tant qu'*être sentant, pensant, aimant et agissant.*

Il y a des SENSATIONS INTERNES et des sensations qui, provenant des objets ou choses extérieures à l'être, sont dites ou définies par SENSATIONS EXTERNES.

Des *sensations internes* et des *sensations externes* sont décidés tous les mouvements vitaux de l'être organisé, c'est-à-dire, l'existence intérieure passée, présente et à venir de l'homme.

§ 1er.

Les sensations internes et les sensations externes sont perçues, senties, raisonnées ou elles sont inaperçues, non senties, non raisonnées;—enfin elles sont magnétiques, comme attraction ou comme répulsion en général.—Elles sont physiologiques comme senties, agréables, jouissances physiques, plaisir des sens, volupté, ou elles sont supportées comme souffrance, douleur. — Elles sont psychologiques éprouvées comme bonheur, joie, contentement, allégresse ou jugées comme chagrin, tristesse, ennui, désespoir. Elles sont bien plus encore, car elles sont l'homme même avec *son être intérieur,* c'est-à-dire sa conscience, ses pressentiments, ses instincts intuitifs et toute la nature de ses puissances animiques, de ces puissances *ante-hominales* ou *humanisatrices,* enfin de ces puissances qui tiennent en soi un quelque chose du divin de l'être Dieu; mais nous expliquerons ceci plus tard.

§ 2.

Le choc, dans l'acte générateur, est le moyen conducteur de la sensation amoureusement voluptueuse.

La sensation amoureusement voluptueuse est manifestement cause portative de la substance formatrice de l'être humain.

Donc l'être humain, l'homme, doit son existence au choc et à la sensation; c'est-à-dire que le choc et la sensation sont les PUISSANCES employées par la sagesse divine comme moyens d'actions, comme agents conducteurs des principes procréateurs de l'espèce humaine. Nous verrons plus tard le pourquoi et l'utilité du procédé, usité pour faire des enfants et sa nécessité providentielle. Prenons actuellement l'être humain à son entrée sur cette terre.

A son début dans ce monde, une substance indivisible, un corps impalpable, l'air, en frappant l'épiderme et toute l'organisation de l'enfant, vient le forcer à respirer ; donc :

1° *Contact du corps mis à l'air*, CHOC EXTERNE et SENSATION EXTERNE sentie, appréciée, perçue.

2° *Besoin de respiration, action de respirer;* — CHOC INTERNE et SENSATION INTERNE sentie, appréciée, perçue.

Or, ces deux chocs et les deux sensations qu'ils produisent sur l'organisme, réveillent pour ainsi dire l'âme de l'enfant, laquelle aussitôt développe et répond par l'émission d'une puissance INTUITIVE ou essentiellement reconnue par l'INFUS de ce que nous appelons l'instinct de conservation ; l'attachement à la vie, dans le besoin de respiration. Alors l'enfant crie pour respirer, il respire pour vivre, et vit pour développer son besoin d'exister. — C'est ce que la Phrénologie psychologique comprend sous le mot : *Biophilivité.*

Je vais donc transcrire l'affiliation organique de quatre puissances seulement pour appuyer, comme exemples, ce que j'ai avancé dans l'exposition de la phrénologie psychologique.

Ces quatre exemples serviront à indiquer ensuite aux lecteurs sérieux le point de vue et la nature de la première brochure que j'intitulerai : *l'Ordre historique de la Phrénologie psychologique,* 150 pages. Prix : 2 francs. Paraîtra le 15 juillet 1847, on souscrit chez tous les libraires.

BIOPHILIVITÉ.

Commençons :

- La BIOPHILIVITÉ représente l'attachement à la vie infusée par l'âme à l'enfant, lorsque son organisation reçoit le choc et la sensation du contact de l'air. — Mais cette protubérance phrénologique doit son développement, non point à ce fait seulement mais aussi au fait ou à l'acte de la respiration de la mère.

C'est donc parce que la mère respirait, puis, parce qu'elle

tenait moralement et sciemment ou consciensieusement
et avec connaissance de cause, c'est-à-dire, d'une manière raisonnée à l'existence, qu'elle a inoculé magnétique-
ment à l'organisation matérielle de son enfant les prédis-
positions organiques et physiologiques, psychologiques et
animiques du besoin de la respiration et de l'instinct de
conservation, du besoin de vivre et de l'amour de la vie.
Voici, en thèse générale, en vérité, une et universelle, la
raison explicative de l'instinct de conservation observé chez
tous les individus de l'espèce humaine, homme, femme, enfants et chez les animaux. Seulement, les variations d'intensités de cet instinct appartiennent à l'homme et non aux
animaux. Parce que les animaux n'ont que le besoin instinc-
tivement mécanique de la nécessité de respirer; tandis que
l'homme possède en plus les puissances psychologiques et
animiques pour en varier et en modifier l'intensité. Ainsi,
par exemple, le plus ou moins grand développement de cette
saillie crânienne et de son corrollaire physionomique résulte
de ce que la mère, pendant sa grossesse, a fortement désiré
vivre ; — de ce qu'elle a ardemment souhaité voir venir bien
portant le fruit de ses entrailles ; — de ce qu'elle s'est réjouie
d'avoir bientôt un fils ou une fille. — De ce que la température, la nourriture, le climat, sa position sociale et son entou-
rage de sociabilité étaient favorables au développement du
fœtus, c

2. ALIMENTIVITÉ.

Poursuivons :

L'enfant, quelques moments après sa naissance, manifeste, par une suite de chocs et de sensations, qu'il serait trop
long d'énumérer, le besoin de la nutrition. En effet, l'âme
donne de suite à l'enfant l'instinct ou l'INFUS-CONNAISSANCE
de ce qu'est le sein de sa mère et de ce qu'est la partie (le
mamelon) de ce sein, qu'il doit sucer, à l'aide de tous les
mouvements mimiques, pour s'assurer la satisfaction de son
besoin de nourriture. Oh! merveille de l'infus de l'âme !...

Mais cet instinct ou cette deuxième puissance avait été
précédemment inoculée dans son organisation, par le fait
même que la mère était obligée de se nourrir. — Ainsi donc,
c'est parce que la mère était elle-même forcée de se nourrir

que l'enfant devait, à la sortie de ses entrailles, posséder la puissance intuitive du besoin de la nourriture et l'instinct de l'alimentation.

Telle est encore ici, en thèse générale et en vérité une et universelle, la raison explicative de l'instinct de la nutrition chez l'homme et chez les animaux. — Seulement, chez l'homme, les variations d'intensités de cet instinct sont les résultats de ses puissances magnétiques, physiologiques, psychologiques et animiques ; car elles résultent de la variable appréciation morale, consciencieuse, raisonnée de l'amour de la table et des faits de sociabilité, de climature, qui peuvent y contribuer plus ou moins puissamment. A ces causes donc nous devrons rapporter la raison explicative du pourquoi les individus portent l'*alimentivité* plus prononcée que d'autres. Et le pourquoi certains hommes adorent la bonne chère, tandis que d'autres n'y attachent pas la même importance.

COMBATIVITÉ.

Continuons :

L'enfant pour aspirer, sucer et obtenir le lait que le sein renferme, est obligé de soutenir une espèce de lutte, un réel combat avec l'inertie externe de la chair même du sein. Aussi l'âme au choc de la figure de l'enfant contre le sein maternel ou nourricier, en percevant la sensation que ce choc ou que ce contact produit, infuse-t-elle toute la science mimicologique (des mouvements) pour que l'enfant, sans rien connaître, sans rien voir, sans, pour ainsi dire, rien sentir, puisse cependant faire un usage logique, vrai de ses délicates petites menottes pour presser, appuyer, chercher et mettre dans sa bouche le mamelon convoité par son instinctif besoin de nutrition. — Donc, l'âme infuse à l'enfant le besoin de combattre la plasticité charnelle du sein qui n'abandonne son lait qu'à la victoire ;... victoire, hélas ! déjà obtenue par une existence de quelques heures. Oh ! belle et sublime nature !... Mais aussi, c'est que la vie de l'homme n'est elle-même qu'une lutte pour acquérir la victoire..... l'immortalité du bonheur !

Cependant, ce n'est pas à la plasticité charnelle seule du sein, ni à son contact, que le nouvel être doit la possession de cette troisième puissance. Non, il l'a doit à la mère qui, dans l'acte seul de la mastication (mâcher la nourriture), la lui infusait déjà dans son organisation naissante. — Telle est ici encore, en thèse générale, et en vérité une et universelle, la raison explicative de l'instinct de la lutte, du combat, de la résistance à... Par conséquent les divers développements de la protubérance crânienne indiqueront les variations d'intensités de cet instinct, variations produites par la différence des besoins de résister à ;..., etc., qui ont caractérisé la gestation en gossesse de la mère.

4 DESTRUCTIVITÉ.

Poursuivons notre historique :

Cette quatrième puissance réputée organe du meurtre par les phrénologistes, est aussi la puissance morale et sociale par nécessité providentielle, ainsi que je le démontrerai dans ma deuxième brochure, mais dans sa simple valeur historique, c'est-à-dire, d'impulsion animique, elle est le complément nécessaire de l'instinct de la lutte, de la COMBATIVITÉ.

En effet, l'infus animique en manifestant dans l'enfant qui vient de naître le besoin et la science de trouver le sein et de combattre la résistance qu'opposait la plasticité charnelle à la succion du lait, ne pouvait point borner à cette simple lutte son intelligence intuitive. Il fallait que la victoire promise à ce combat fût perçue par l'enfant, dans une sensation lui annonçant la *destruction* même des obstacles qu'il combattait. Or, cette sensation est évidemment l'arrivée du lait dans sa bouche.

Mais ce n'est pas seulement le besoin de faire arriver du lait dans la bouche de l'enfant, qui produit en lui l'existence de cette quatrième puissance humaine ; car la *destructivité* fut inculquée dans l'organisation de l'enfant par le fait même que la mère en mâchant les aliments, les détruisait pour pouvoir les avaler. C'est donc dans le fait même de la *destruction* des aliments, par suite de l'action de mâcher, que la mère transmet à son fruit la puissance dite : *Destructivité*. — Ceci est, en thèse générale et en vérité une et universelle, la raison explicative de cet instinct dans les animaux et dans l'homme. Mais les variétés de son intensité

dépendent ainsi que la grosseur de la bosse qui la représente, des faits qui ont eu lieu pendant la grossesse; faits, etc.,
que j'énumérerai et dont je développerai les influences dans
les brochures que je me propose de publier.

Le peu d'étendue de cet écrit nous oblige à interrompre
ici notre historique. Nous allons présentement consigner
toutes les significations phrénologiques pour l'explication de
la petite tête, mais d'une manière très abrégée et surtout
moins sérieuse, le côté sérieux étant pour les brochures que
j'annonce.

EXPLICATION

DE LA

TÊTE DE PHRÉNOLOGIE PSYCHOLOGIQUE

MISE A LA PORTÉE DE TOUT LE MONDE SOUS LA FORME LÉGÈRE DE PRÉDIC-
TIONS.

ORDRE SEPTENAIRE.

Couleur jaune.

N° 1. — BIOPHILIVITÉ.

L'individu possesseur de cette bosse aime par-dessus
toute chose la vie et l'existence. Il met son bonheur à voir
le soleil et les femmes; — le printemps, la verdure et la
végétation. — Enfin, il se propose d'acquérir, selon toutes
les apparences, une existence longue par ses goûts pour la
tranquillité et pour la jouissance paisible; — il se passionne
d'amour pour le gouvernement représentatif, car il craint
la guerre et tremble à l'idée de mourir.

N° 2. — ALIMENTIVITÉ.

Une physionomie pleine annonce un gros mangeur, et
l'individu qui fait consister le bonheur de l'existence dans
les plaisirs de la table et dans la déglutition proprement
dite. C'est l'ami de tous les repas et de tous les excès. Pre-
nez-le par sa passion dominante, le vin et les bons dîners,
et certainement vous posséderez un ami chaud et ardent à
prêcher vos vertus, votre grande courtoisie; enfin, pour lui,
Dieu est son amphitryon et la divinité la bonne chère. Je
vous avouerai (en confidence) qu'il est en amour porté à

l'impudicité, à ce qu'on appelle le libertinage; mais ne le dites à personne, chut!...

Nº 3. — COMBATIVITÉ.

La personne qui porte cette protubérance développée est contrariante, taquine, emportée, pétulante et très vive. Elle aime la franchise et la gaieté, voir même jusqu'à la querelle et la dispute. Elle contractera ses liaisons par esprit d'opposition, mais elle aimera l'état militaire, le bruit, la danse, le jeu et toutes les émotions fortes. Les mauvaises langues lui supposent une foule de petits défauts qu'elle ne possède pour ainsi dire pas, et les prêtres lui reprochent d'être trop amoureuse. Mais ici ils ont raison, car elle est très passionnée, soit d'imagination, soit des sens. Qu'y faire!...

Nº 4. — DESTRUCTIVITÉ.

Les enfants porteurs de cette bosse abîment de suite tout ce qu'on leur donne. Ils ne peuvent rien conserver; il faut qu'ils cassent, brisent, détruisent leurs jouets, leurs livres et leurs vêtements. Hommes, on prétend qu'ils ont pour passion de détruire les gouvernements, leur virginité et celle des autres.

Nº 5. — SÉCRÉTIVITÉ.

La personne possédant un fort développement de cette protubérance aura pour elle le savoir faire, l'industrie des moyens, enfin l'esprit ingénieux, habile à... Puis elle sera fine, espiègle, malicieuse et rusée, et tout cela sera charmant chez une jolie femme; mais méfiez-vous de ces têtes laides au regard fauve;—de ces airs sournois accompagnant un crâne porteur de cette bosse, car vous avez là l'hypocrite, le tartufe, le trompeur, le fourbe méchant. Mettez donc bien vite à la porte de votre domicile cette vipère humaine, car elle met partout la discorde!...

Nº 6. — HÉSITATIVITÉ.

Le développement de cette protubérance crânienne indique, chez une femme, la modestie, la pudeur, la timidité et l'innocence, qualités toujours belles pour un connaisseur, ami de l'art et du beau de la nature. Mais, chez un homme, cette protubérance indique l'irrésolution, l'indécision, l'appréhension, la pusillanimité, la crainte, la poltronnerie, la peur et la lâcheté, de même que la sagesse, la prudence : cela dépend des autres qualités de l'individu.

N° 7. — ACQUISIVITÉ.

Cette protubérance développée indique l'amour de la propriété et le besoin de pouvoir se dire : ceci est à moi... ceci m'appartient.—Cette personne sera économe, peut-être ladre et avare. Elle aura la manie de tirer tout à soi, de monopoliser, de thésauriser. Enfin, au lieu de dominer la possession des choses, elle s'en fera l'esclave. Grâce à elle tout se garde, rien ne se perd : argent, vieux livres, vieilles modes, manies, préjugés, vices et vertus, tout se conserve. Aussi est-elle destinée à enrichir ses héritiers et à prendre en horreur toutes les doctrines socialistes.

Couleur rouge.

N° 1. — AMATIVITÉ.

L'individu porteur de cette protubérance développée aura la passion des femmes. Quelle idée !... Il aimera la brune ardente à l'œil vif, aux narines mouvantes, à l'air passionné, aux sourcils arqués, au sein palpitant, aux regards brillants et fascinateurs. Puis la blonde au teint blanc, aux chairs rosées, à l'expression amoureusement langoureuse de ses manières, de sa personne ; pour l'appel si vague et si positif, que son grand œil bleu confie à la pureté du ciel. Enfin, il aimera l'amour dans toutes ses petites façons. (Les bigotes baissent les yeux quand il passe !...)

N° 2. — MATRIMONIVITÉ.

La personne qui porte cette bosse fortement prononcée sur son crâne, aime le mariage et la cohabitation. Pour elle, vivre en compagnie d'un sexe opposé au sien est une nécessité, un besoin quand même de l'existence. Cette personne aimera aussi la compagnie, la société et l'association ; c'est pourquoi elle est destinée à contracter les liens du mariage, soit dans les formes légales, ou soit selon son cœur ; c'est-à-dire, la cohabitation amoureuse. Elle est généralement affable, aimable, galante, polie, c'est une bonne nature. Enfin, la réalisation future des doctrines socialistes appartiendra de fait à ces organisations.

N° 3. — PHILOGÉNÉSIVITÉ.

L'individu porteur de cette protubérance se signalera par

son fol amour pour les enfants; père, il sera faible, trop condescendant et les élèvera mal ou il périra de chagrin, de ne point mettre sur terre un héritier de ses vertus privées et publiques.

N° 4. — AFFECTIONIVITÉ.

Otons notre chapeau devant cette protubérance; car elle décèle l'affection, l'amitié; elle montre la personne aimable, bienveillante, douce, sociable; elle indique l'ami ou l'amie sûre, fidèle, constante, aimante, dévouée!.. Elle signale enfin la sincérité de toutes les vertus sociales et domestiques. Oui! saluons cette bosse; cette personne est une fleur de l'humanité destinée à voir ses affections se briser les unes à la suite des autres. Elle est une semence spirituelle, générant, providenciellement, la pureté des sentiments humains chez les êtres égoïstes ou privés matériellement du possible des infus animiquement affectueux (mais nous développerons cette grande loi humaine, expliquée dans le christianisme par le fait de la passion de J.-C., et de la croix en son lieu et place.

N° 5. — HABITATIVITÉ.

On pourra annoncer à l'individu porteur de cette protubérance, la stabilité de sa manière de vivre en général; car c'est l'homme à la vie réglée, aux mœurs d'apparences régulières; c'est l'homme aux habitudes sédentaires et le locataire de 10, 15, 20 ans de bail. Enfin il est un peu maniaque, monomane et si l'on voulait écouter ses désirs, jamais le tailleur ne changerait la forme de sa coupe, jamais les modes, le commerce, l'industrie, les sciences et les gouvernements ne changeraient, on serait obligé de voir dans 10,000 ans ce qui est aujourd'hui. Or, à ce prix l'existence deviendrait d'un régulier, d'une monotonie à désespérer même les vieillards.

N° 6. — APPROBATIVITÉ.

On reconnaîtra de suite l'individu possédant l'approbativité développée à son désir incessant d'obtenir l'approbation, la louange et les félicitations des personnes avec lesquelles il se trouve mis en rapport. Par conséquent, cette personne aura de l'émulation, de l'ambition et l'amour de la gloire et

des vertus pour agir et pour obtenir l'estime et la considé-
ration privée et publique. Mais elle pourra posséder comme
défauts et vices la fatuité, la coquetterie, le besoin de la glo-
riole, et le besoin d'agir avec ostentation, pour se faire ad-
mirer et louanger;—alors les dames se sangleront afin d'abîmer
leur santé et le travail de la nature pour montrer ce ridicule
sous le spécieux d'une taille fine! Mais à part ces excès, cette
bosse annonce l'amabilité, la galanterie, le savoir plaire et
beaucoup d'autres agréments... charmants.

Nᵒ 7.—ÉGOIVITÉ.

Cette bosse, selon ses degrés de force, vous indiquera les
différentes densités d'égoïsme que l'individu projette dans
ses idées, dans ses penchants, dans ses sentiments et dans
ses passions. Elle vous révèlera jusqu'à quel point ses actions
seront personnelles, égoïstes, voir même orgueilleuses, des-
potiques, tyranniques et absorbantes.—Enfin cette bosse
vous montrera le mari tyran et l'amant jaloux; l'être qui prétend faire aller sa femme et ses enfants à la baguette, au
commandement de l'œil et de la voix ou du geste; l'être qui
prétend que dans sa maison l'on ne doit faire que ce qu'il
désire et vouloir que ce qu'il pense et trouve bon qu'on fasse;
de cet être qui veut qu'on ne possède d'autre manière de
voir, de penser et de sentir que celles qu'il montre;—attendu
qu'il prétend pouvoir tout faire, lui, sans que cela re-
garde qui que ce soit, mais qu'on doit ne prétendre et ne
vouloir que ce qu'il autorisera et permettra bien, etc., etc.

Couleur verte.

Nᵒ 1. — OPTIVITÉ.

L'optivité n'est point une bosse, mais considérée comme
le sens de la vue, comme puissance visuelle, nous devions
en parler; car l'œil joue un rôle si marqué dans la vie !!
N'est-ce point par l'œil que l'âme vous manifeste ses degrés
d'adoration? N'est-ce point par son tissu organique qu'elle
en projette les émanations virtuelles et qu'elle vous les en-
voie pour vous convier à l'affection, à l'amour? Ainsi donc
par l'*optivité* nous aimons une personne en la voyant; parce
que son image s'est trouvée en harmonie avec nos idées sur
la beauté, la grâce, les formes et les manières. on peut dire

que le cas fortuit, l'instantané et la destinée décident les mariages qui se font par cette puissance. Ces mariages sont quelquefois heureux, mais assez souvent aussi les calamités matrimoniales les stygmatisent. Hélas! il n'y a point de rose sans épines !!...

N° 2. — UNIVITÉ.

Les enfants faits sous l'influence dominante de cette puissance jugent de tout *a priori*. Ils obéissent à l'instinct intuitif du *laisser-aller*, à l'impulsion immédiate plutôt qu'à la méditation.—Pour eux, il existe des priviléges de nature très connus, comme par exemple, les pressentiments, la foi, et la conviction intuitive qui a donné lieu à ces dire : *c'était mon idée, je sentais cela, j'en avais le pressentiment.*—Ces personnes ont l'imagination généralement forte et une grande facilité à saisir l'ensemble et le subit des choses. Elles fournissent ces conceptions industrielles qui étonnent le monde et ces puissants génies militaires qui réalisent les destinées sociales en renversant les nations.

N° 3.—CONFIGURATIVITÉ.

Cette protubérance développée annonce l'homme né physionomiste. Pour lui, voir une personne c'est la connaître. —On peut lui prédire des dispositions pour toute industrie qui réclame le vétilleux et la pureté des formes comme : le dessin, la lithographie, la gravure, la ciselure, la sculpture, etc. Cette protubérance phrénologique révèle aussi la propriété que possèdent certaines personnes de conserver la mémoire des traits ou les physionomies des individus qu'elles ont connus. Cette puissance agit encore sur nous pour nous porter à bien spécifier, à bien caractériser nos pensées nos sentiments et nos actes.

N° 4.—COLORIVITÉ.

Cette protubérance phrénologique représente la propriété d'apprécier les couleurs, d'en saisir facilement les nuances et les tons; c'est donc la puissance caractéristique du peintre et des industries de produits coloriés, châles, etc.

Les personnes qui possèdent cette puissance aiment en général les choses à effet et les couleurs tranchantes; c'est sont dans leur mise, soit dans leur ameublement.—On prétend qu'ils voient tout couleur de rose!

N° 5.—ORDINIVITÉ.

Cette protubérance phrénologique indique la somme d'esprit d'ordre, du besoin de savoir chaque objet à sa place, de voir tout en ordre.—Elle montre les personnes retenues par les lois de la bien séance; celles qui observent avant tout les règles du convenu général, les mœurs régulières, les idées comme tout le monde, les sentiments reconnus, c'est-à-dire qui sont approuvés par la société.

Les enfants qui sont faits sous l'influence dominante de cette puissance se font remarquer par la propreté, l'arrangement et le soin. Devenus hommes, ils recherchent les industries sédentaires, ou prennent encore la surveillance des travaux;—ils peuvent devenir chefs d'atelier, contre-maîtres, teneurs de livres, agents de la sûreté publique ou juges, notaires, avoués et même sergents de ville.

N° 6 —NUMÉRATIVITÉ.

Le développement de cette protubérance phrénologique indique que la personne possède la propriété de pouvoir facilement chiffrer, compter, calculer. Enfin, d'heureuses dispositions pour toutes les mathématiques et principalement pour l'arithmétique et pour l'algèbre.—Ces enfants devenus hommes pourront se faire géomètres, astronomes, physiciens, banquiers, caissiers, agents d'affaires ou prendre la comptabilité pour profession sociale.

N° 7.—RESUMATIVITÉ.

Cette protubérance phrénologique indique la mémoire des faits de mœurs, de la sociabilité, des actes moraux, intellectuels ou physiques. Enfin, elle annonce la facilité ou l'aptitude à apprendre l'histoire et toutes les sciences naturelles, dites exactes, et dont l'étude se borne à la mémoire des faits et des formes ou des propriétés comme, par exemple; la chimie, l'histoire naturelle, la botanique, la minéralogie, l'anatomie, etc.—Enfin cette protubérance indique la puissance qui permet à l'homme de pouvoir englober, *résumer* un ensemble de..., ou toutes les parties constituant un tout. Cet organe est donc nécessaire au philosophe; mais dans ma première

et dans la deuxième brochure, nous nous étendrons sérieu-
sement sur chacune des puissances de la Phrénologie psychologique.

Couleur violette.

N° 1. — TACTIVITÉ.

Cette protubérance crânienne représente la facilité d'apprécier la pesanteur, la densité des corps ; leur état physique de molesse ou de dureté ; de sécheresse ou d'humidité ;
de poli ou de rugosité ; de calorique ou de froid. Cette protubérance développée annonce l'habileté manuelle, l'adresse
des mains, l'ouvrier recherché par son talent. Mais je me
suis laissé dire qu'auprès des dames, les mains de ces personnes ne sont jamais en repos!...

N° 2. — SONORIVITÉ.

Cette protubérance dénote l'appréciation musicale de l'individu ; il révèle par conséquent combien il aime la musique, la mélodie, l'harmonie des sons. Il fait le chanteur, le
musicien et le compositeur de musique.

N° 3. — CHRONOLOGIVITÉ.

Cette protubérance phrénologique indique l'aptitude de
l'individu à mesurer le temps, à retenir les dates, à apprendre facilement la chronologie, et, enfin, à tout ce qui a rapport aux nombres considérés historiquement ou en relation
de temps. — Ceux donc qui sont doués de cette puissance
font tout en mesure et chantent avec une régularité par-
faite. Enfin, ils sont excellents statisticiens et délicieux chefs
d'orchestre. — Les dames prétendent que ces personnes
possèdent en amour le talent remarquable du rhythme et de
la mesure, et qu'avec eux les puissans effets du *crescendo*, du
forte et du *fortissime* font passer le temps comme une ombre!

N° 4. — ORIENTIVITÉ.

Cette puissance phrénologique produit le besoin de voya-
ger, de changer de lieu, et donne la facilité de s'orienter, de
conserver la mémoire des localités. — Les enfants qui pro-
viennent de son influence sont coureurs, et ne peuvent res-
ter longtemps à la même place. — Ils se font marins, commis
voyageurs, géographes, géomètres ou joueurs d'orgue, mar-
chands forains, colporteurs, rouliers, conducteurs ou pos-
tillons, etc.

Nº 5. — ODORATIVITÉ.

L'odorativité n'est pas une bosse, mais nous l'indiquons comme sens, comme puissance. Donc, les personnes qui ont cette puissance développée, apprécient les odeurs les plus faibles, les parfums les plus fugitifs et aiment les fleurs, la cassolette, les sachets, sans mépriser l'eau de Cologne. — Ils font usage de la pommade à la rose, se rincent la bouche à l'eau de menthe, mettent de l'essence de Portugal dans leur mouchoir et du patchouli dans leur commode.

Nº 6. — DÉGUSTATIVITÉ.

Cette bosse appartient aux gourmets. Ceux qui la possèdent sont recherchés dans leur nourriture ; — ils estiment la bonne sauce et respectent le gibier bien faisandé et la volaille cuite à point. — Ils honorent peu le légume sec et professent le plus grand dédain pour la cuisine bourgeoise. — Je me suis laissé dire bien des choses sur cette puissance phrénologique. Imaginez-vous qu'on m'a persuadé qu'elle nous portait à embrasser d'une manière plutôt que d'une autre, et à un endroit plutôt qu'à un autre. Voulez-vous vous taire !....

Nº 7. — RÉACTIONIVITÉ.

Cette protubérance phrénologique indique l'expansion mimique passionnelle et sentimentale, c'est la puissance mimique. Elle agit sur la face pour y déterminer les signes du bonheur, de la joie, ou pour y amener la rougeur causée par la lutte et les efforts ou produite par la colère, la honte, etc. Enfin, c'est à cette puissance que vous devez tous les termes expansifs du bonheur ou de l'indignation, de l'ivresse ou de l'horreur, de la haine ou de l'amour, de la souffrance ou de la volupté.

ORDRE TRINAIRE.

Couleur rose.

Nº 1. — SYNTHÉTIVITÉ.

Cette première puissance du raisonnement nous fait apprécier le côté régulier des choses, le normalisme des actions, les côtés heureux d'une entreprise, les termes égaux d'une proposition. — Elle nous fait encore voir le côté final d'une idée, l'ensemble harmonique d'agrément ou d'utilité d'un projet, de même que les rapports similaires, analogues des faits ou des choses. Elle nous pousse à faire la conjecture, l'hypothèse, l'a priori; puis, à formuler la décision, l'affirmation et l'acceptation. Enfin, c'est elle qui nous fait comprendre et sentir le besoin de synthétiser nos idées, nos penchants, nos sentiments et nos actions. Par conséquent, *synthétivité* veut dire, porté à synthétiser.

Nº 1. — EXPLICATIVITÉ.

C'est réellement là la puissance philosophique ; car elle nous montre l'individu qui a besoin de se rendre un compte raisonné de toute chose. Elle indique l'invidivu qui veut connaître les *comment* et les *pourquoi*, enfin le raisonneur, le penseur, le philosophe. Ainsi, *explicativité* veut dire : porté à vouloir expliquer ce que l'on sent, ce que l'on suppose ou croit.

Il faut pourtant demeurer prudent avec ces personnes, car on assure qu'elles font des cancans, et qu'âgées elles radotent.

Nº 3. — ANALYTIVITÉ.

Cette protubérance phrénologique indique cette puissance du raisonnement qui nous fait apprécier les côtés opposés d'une question, les côtés dangereux d'une entreprise et les termes disparates d'un développement ou d'une proposition; car c'est elle qui nous pousse à analyser les points les plus défavorables des choses ou des personnes. Enfin, par elle, on formule la raillerie mordante, méchante, caustique ou critique ; de même que, par elle, s'échappent l'à-propos risible, le calembourg, le jeu de mots, la plaisanterie, la farce et la charge amusante.

Couleur bleue.

Nº 1. — IMITATIVITÉ.

C'est cette puissance phrénologique qui nous invite à imiter les choses, à répéter les actes des autres. Cette puissance est donc nécessaire à tous les artistes quel que soit d'ailleurs le genre de leur art. Musique, peinture ou sculpture, ou, etc.

Cette protubérance indique les personnes qui éprouvent

le besoin de ne pas sortir des limites générales de la route
ordinairement battue, qui changeront si leurs voisins chan-
gent; qui feront de grandes dépenses et donneront des repas ou des fêtes dansantes si leurs amis en donnent.

Nᵒ 2. — CONSTRUCTIVITÉ.

. Cette protubérance indique chez l'individu le besoin d'é-
lever, d'établir, d'édifier, de construire, d'organiser. C'est
cette puissance qui nous permet de bâtir ces charmants châ-
teaux en Espagne qui bercent d'un bonheur fictif les ima-
ginations ardentes; c'est à son influence que nous devons la
possibilité de construire ces riants projets, ces chaleureuses
déclarations d'amour, entendues seulement par les murs de
notre chambre ou de notre cerveau seul. Enfin, les enfants
provenus sous son influence se font remarquer par la passion de bâtir, et devenus hommes, ils se font ingénieurs,
architectes ou forment l'homme à projets.

Nᵒ 3. — MODIFICATIVITÉ.

C'est cette puissance animique qui nous démontre le besoin de changer et de varier nos occupations, de modifier,
perfectionner les choses que nous entreprenons ; enfin, c'est
elle qui fait changer tout ce qu'on voit, tout ce qu'on veut
et surtout tout ce qu'on touche. Aussi est-il impossible à
ces personnes de copier une lettre exactement. — Il faut
qu'elles corrigent et produisent quelque chose.—Les mauvaises langues prétendent que les mariages faits par cette puissance sont infidèles. Enfin, que ces personnes sont incon-
stantes en amour; mais les dames affirment que ces individus
sont des amants charmants. — Qui croire!...

Couleur grise.

Nᵒ 1.—SANCTIONIVITÉ.

Respect et gloire à cette puissance humaine, estime et
confiance à l'homme porteur de cette protubérance crânienne,
car elle indique la puissance morale de l'individu ; elle signale en lui, la moralité, la probité, l'honneur, la justice, le
droit et l'indépendance;—Elle montre l'homme, c'est-à-dire
le type mâle de l'humanité, la virtualité humaine. Gloire
donc à cette puissance et respect à l'homme porteur de cette
protubérance phrénologique.

Les liaisons amoureuses chez ces natures se caractérisent

par la franchise et l'indépendance; aussi elles montrent souvent les contrastes frappants comme l'expansion et la réserve, l'amour et l'indifférence. De plus elles sont la nourriture et la proie de ces vieilles cancanières de province. O caucans, peste de toute sociabilité et occupation des méchants, soyez maudits !...

N° 2.—SPÉRATIVITÉ.

Cette puissance est pour ainsi dire une seconde existence et de fait elle est le commencement de l'immortalité, car c'est elle qui fournit à l'homme ce que nous entendons par l'espérance, cette croyance dans l'avenir qui donne le besoin de savoir l'âme humaine immortelle. Grâce à cette puissance, les épreuves de la vie, la misère, les peines, les douleurs, s'écoulent avec les jours et les années pour finir enfin avec notre vie terrestre. Cette protubérance indique les personnes crédules et celles qui ne doutent jamais d'elles-mêmes ni du succès promis aux choses qu'elles entreprennent.

N° 3.—EXTENSIVITÉ.

C'est cette puissance qui projette en nous le besoin de prolonger, d'étendre, de compliquer, d'augmenter, d'agrandir, d'exagérer et d'exalter les choses que l'on sent, que l'on entend ou que l'on suppose ou voit.

Les enfants faits sous cette puissance seront extrêmes en tout.—Mobiles, versatiles, exagérés, exaltés. Hommes ils devront produire quelque chose.—Le besoin d'étendre et d'agrandir les fera négociants en grand, inventeurs, etc. C'est cette puissance qui amène le développement des sciences, des arts et des industries afin de conduire l'humanité selon la loi de sa destinée.

Couleur noire.

N° 1.—COMPATIVITÉ.

Cette protubérance indique la sensibilité de la personne, son besoin de compâtir aux souffrances d'autrui. Elle décèle ces belles organisations riches de l'amour divin, la charité; riches de l'amour humanitaire, la fraternité; car ce sont ces personnes qui s'intéressent à tout ce qui souffre, afin de les secourir par leur bourse; par leurs conseils; par leurs actions, ou en leur vouant leur affection, leur amour même !!...

Ces personnes sont sociables, affables, charitables, miséricordieuses, doucés, sensibles, bonnes, bienveillantes, compatissantes, généreuses; ce sont enfin des anges humains qu'attendent le ciel et Dieu; ce sont des martys sociaux, car sur eux doit s'user tout l'ensemble des vices des hommes; aussi, calomnies, ingratitudes, persécutions, trahisons, etc., voilà, mes sœurs et mes frères, votre avenir sur terre! Mais au ciel à vous la robe blanche ou bleue, à vous la couronne de gloire et à vous aussi l'avenir social, l'association!!...

Nº 2.—RELIGIONIVITÉ.

Cette protubérance n'est pour ainsi dire, de fait, qu'une prolongation de la compativité. Elle représente la résignation dans les souffrances et les peines, la vénération et le respect que l'individu porte à la vieillesse. Puis l'esprit de conservation pour et sur tout en général. Cette protubérance ne saurait être générale chez un peuple en révolutions.

C'est enfin cette puissance qui nous donne connaissance d'une cause suprême, d'une intelligence supérieure, de DIEU. Enfin c'est la puissance de la foi en soi, en l'immortalité de son âme et en l'existence de Dieu et de son amour pour nous.

Nº 3.—VOLONTIVITÉ.

Cette protubérance crânienne indique la force de volonté de l'individu, sa puissance de persévérer et de vouloir, sa force d'être ferme, énergique, constant et un dans sa virtualité personnelle. Mais actuellement cette protubérance indique (l'*humanité n'étant pas encore arrivée à sa destinée normale ni à son terme vrai et* UN), elle indique généralement le despotisme, la tyrannie, l'être volontaire, entêté.

Enfin la volontivité est la puissance qui spécifie les amours dominants de l'individu, afin qu'à sa mort terrestre il ait en existence spirituelle et pour loi d'avenir céleste, le terme même des amours qu'il aura choisi par ses manières de vivre sur terre.

Ayons donc, mes chers lecteurs, toujours présent à notre pensée de ne contracter que les amours du beau et du bon, du bien et de l'utile pour être heureux dans le ciel. Amen!.

Imprimerie de Cosse et J. Dumaine, rue Christine, 2.

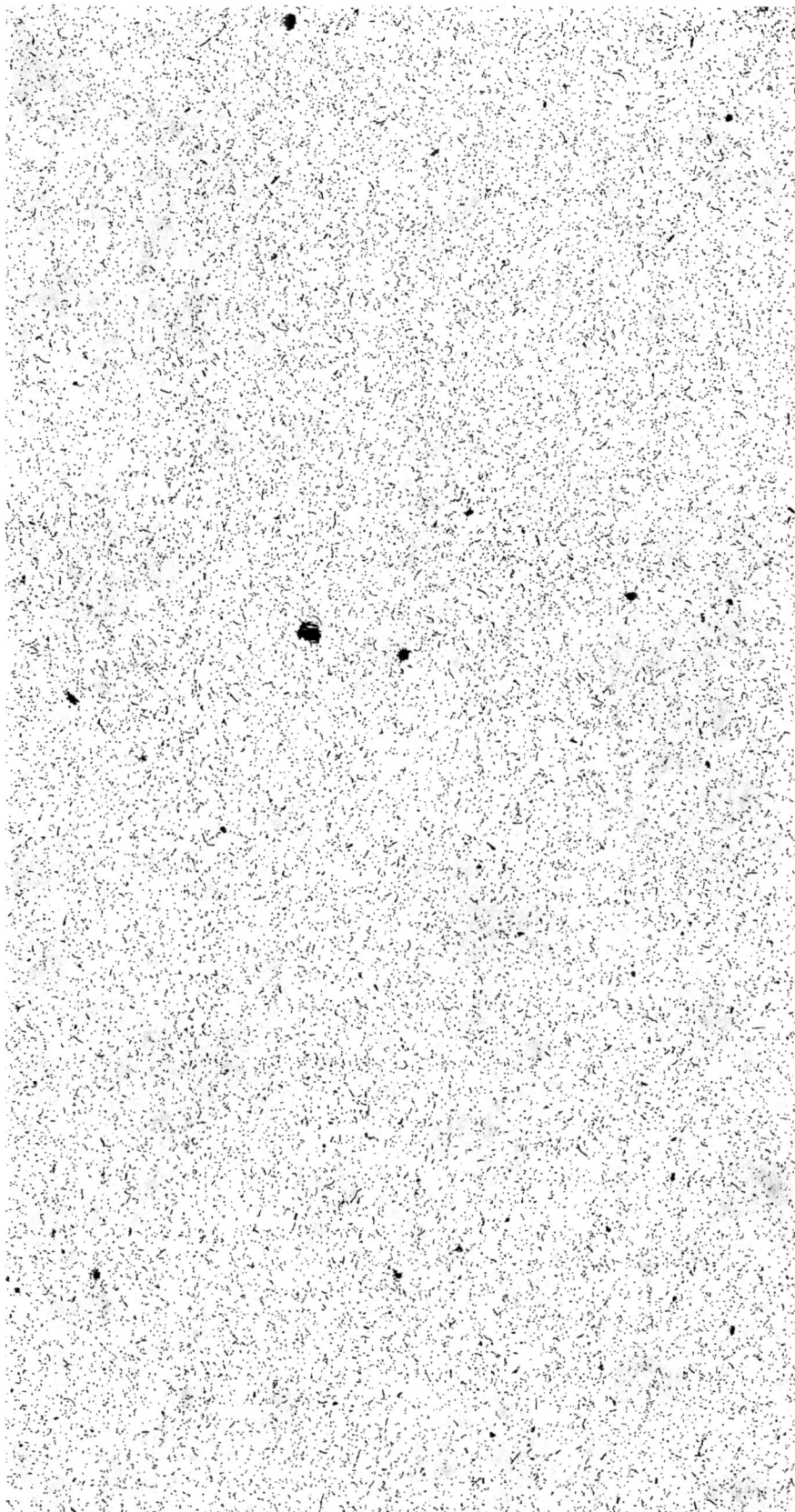

www.ingramcontent.com/pod-product-compliance
Lightning Source LLC
Chambersburg PA
CBHW060815280326
41934CB00010B/2704